SOUVENIR DE FAMILLE

MARIE-JACQUES-ALBERT

SEURRAT DE LA BOULAYE

PRÊTRE

NÉ A ORLÉANS LE 24 SEPTEMBRE 1847
DÉCÉDÉ A BEAUGENCY LE 22 NOVEMBRE 1877

SES LETTRES ET SON JOURNAL

ORLÉANS
IMPRIMERIE DE GEORGES JACOB
4, CLOITRE SAINT-ÉTIENNE, 4

1878

SOUVENIR DE FAMILLE

SOUVENIR DE FAMILLE

MARIE-JACQUES-ALBERT

SEURRAT DE LA BOULAYE

PRÊTRE

NÉ A ORLÉANS LE 24 SEPTEMBRE 1847
DÉCÉDÉ A BEAUGENCY LE 22 NOVEMBRE 1877

SES LETTRES ET SON JOURNAL

ORLÉANS
IMPRIMERIE DE GEORGES JACOB
4, CLOITRE SAINT-ÉTIENNE, 4

1878

ALBERT
SEURRAT DE LA BOULAYE

I

Dans cet humble et intime souvenir, notre intention n'est pas de raconter la vie extérieure du jeune prêtre que nous pleurons, mais uniquement d'emprunter à ses écrits intimes le tableau vivant d'une âme que nous croyons avoir été agréable à Dieu.

Son journal, qu'il appelait *le miroir de son*

âme, et sa correspondance avec sa mère et ses sœurs, nous laisseront pénétrer dans sa vie d'enfant, de séminariste et de prêtre. Nous n'avons donc rien de mieux à faire que de reproduire textuellement les pages qu'il avait écrites pour son âme et pour Dieu, ne nous réservant que la tâche facile de les relier ensemble, heureux de pouvoir ainsi entendre encore sa voix, heureux aussi de pouvoir la faire entendre à quelques-uns de ceux qui l'ont connu, et, tout en recueillant ce pieux souvenir de famille, continuer ainsi le bien dont il fut l'apôtre pendant sa vie et la victime dans sa mort.

Le premier âge d'Albert se passa sous le regard maternel, entouré des meilleurs exemples, enveloppé de fraternelles affections, surtout préservé de ces influences malsaines qui empêchent le développement de la grâce baptismale dans une âme d'enfant.

Le principal fruit de cette grâce, conservée dans l'innocence, fut un appel précoce au service de Dieu. Cet appel se fit entendre à lui dès le jour béni de sa première communion. Peu de temps après, il fut mis au petit Séminaire de Sainte-Croix, à Orléans, où, grâce à une culture attentive et délicate, les germes de sa vocation prirent un accroissement dont il ne put garder pour lui seul le secret.

A la fin de la retraite de sa seconde année de séminaire, il s'en ouvrit à sa mère, en lui écrivant : « J'ai une chose importante à vous découvrir. Depuis le jour de ma première communion, Dieu me laisse continuellement cette pensée dans l'esprit : *Tu seras dans ma milice, tu seras prêtre.* Oui, prêtre, chère mère ! et que cela ne vous étonne pas, vous l'avez toujours désiré. Eh bien ! vos vœux seront accomplis. Maintenant vous pourrez dire : « J'aurai un fils qui sera prêtre. » Ne croyez pas que cela s'en ira ; ma joie est au comble. »

Il ajoute la semaine suivante :

« Combien est grand votre amour maternel ! Non contente de m'aider à me soutenir ferme et pieux au milieu des dangers et des séductions, vous m'encouragez par vos paroles et vos lettres, pour me diriger vers le but où tendent toutes mes pensées.

« Soyez-en sûre, vos conseils porteront des fruits, et un jour vous pourrez dire : « Il les a « mis en pratique : je suis assurée de son salut. »

Une autre lettre nous fait voir à quelle maternité plus haute il avait recours pour abriter la grâce de sa vocation. « Chère mère, je ne passe pas une journée sans aller visiter la Sainte-Vierge et me mettre sous sa protection, la priant de me conserver toujours pieux et chaste. Après cela, je vais avec confiance en classe ou en récréation, certain que Marie me protége et ne permettra jamais que le démon entre dans mon âme. Le matin et le soir, je récite la couronne des *Allégresses* de Marie et les six *Pater* du scapulaire. Aussi la Sainte-Vierge ne peut m'abandonner ; elle m'aidera à demeurer ferme et courageux. »

Le 22 mai, le spectacle d'une première messe, célébrée par un jeune ecclésiastique qui lui avait donné des leçons, lui inspirait ces élans vers le sacerdoce : « Chère mère, je viens d'assister à la première messe de M. l'abbé Quantin. J'ai pensé à cet heureux jour où, prêtre du Très-Haut, j'aurai aussi le bonheur de dire ma première messe, de distribuer le Pain de vie. Je trouve bien longue la distance qui me sépare de cet heureux jour. J'ai prié Dieu de faire fructifier en moi mes espérances, et je suis revenu au séminaire le cœur plein du désir de beaucoup travailler, d'être bien pieux, afin de parvenir au terme de ma sainte vocation. »

A la rentrée de novembre 1864, il exprime à sa mère son désir de s'améliorer, toujours en vue du but sublime qu'il veut atteindre :

« Voici que vont recommencer nos correspondances intimes, où je pourrai épancher mon cœur dans le vôtre, et vous dire toutes mes impressions, car le cœur d'une mère est l'asile où vont se réfugier tous les sentiments tristes ou joyeux d'un enfant qui a confiance en elle. Si, de mon côté, je ne vous cache rien, du vôtre, ne craignez pas de m'avertir, et même s'il est nécessaire, de me donner des conseils pénibles à votre cœur : *vous savez quelles sont mes pensées pour l'avenir, et je veux m'en rendre digne.* »

Nous le trouvons maintenant au petit Séminaire de La Chapelle-Saint-Mesmin. C'est toujours le même cœur, de plus en plus ardent à se purifier avant de se consacrer. La retraite de novembre, qui suit d'ordinaire la rentrée des classes, lui inspire ces lignes.

« Dieu attendait ce moment pour ouvrir mon cœur à la grâce et me faire repentir de mes fautes. Au milieu de ma confession, des larmes amères coulèrent de mes yeux. J'avais honte de moi-même. Ce ne fut que la parole touchante de mon confesseur, M. l'abbé Boisbourdin, sur la miséricorde de Dieu, qui me soulagea un peu. »

Les examens de décembre ne le détournent pas du travail de son âme. Albert écrit alors : « Chère mère, j'ai peu de temps loisible; nous sommes en examen. Ma lettre sera courte; puisse-t-elle n'être pas moins chère à votre cœur ! J'ai beaucoup prié cette semaine, et je me suis adressé aux âmes des jeunes gens qui sont dans le purgatoire. »

Nous sommes aux fêtes de Noël. Après sa communion, Albert veut s'unir à ceux de sa famille qui ont reçu le même Dieu dans la même solennité. Voici ce qu'il leur écrit : « Oh! que ne dure-t-il toujours ce beau jour de Noël! Pourquoi passe-t-il si vite? Jésus est dans mon cœur, je le possède, il s'est donné à moi dans cette belle nuit. Je lui disais :

« Désormais, Enfant Jésus, nous prierons,
« nous travaillerons, nous jouerons ensemble,
« jamais nous ne nous quitterons; avec vous,
« je deviendrai bon, pieux et charitable. »
Tandis que j'étais plein d'amour pour ce divin
Enfant, je lui disais : « Conservez-moi bien
« longtemps ma bonne mère et mon bon père.
« Tous deux à cette heure sainte vous possè-
« dent aussi; ils vous aiment beaucoup; ils
« n'ont rien tant à cœur que de me voir
« avancer dans le chemin de la vertu :
« conservez-les-moi durant de longues années. »

Le dimanche du Bon-Pasteur est par excellence la fête du sacerdoce. Albert ne peut
l'oublier, et voici les lumières que son âme y
reçoit : « Aujourd'hui, je méditai l'évangile du
jour. Le prêtre catholique, voilà bien le pas-
teur qui donne sa vie, verse avec joie son sang
pour ramener les âmes au bercail. Quelle vie
divine! vie tout entière de sacrifices et

d'amour! C'est principalement du missionnaire qu'on peut le dire. Il franchit des distances immenses pour aller baptiser quelques païens; il n'a pas de repos qu'il n'ait converti ceux qui ont renié leur foi. Quelle belle vie! Mais la vie du prêtre de campagne n'est pas moins belle : que d'âmes à sauver! Que de sacrifices à faire! Prions, bonne mère, pour que je sois digne de cette mission. »

L'écolier ayant reçu de sa mère la confidence de la peine qu'elle éprouvait d'être privée de la sainte messe dans sa maison de campagne, le futur prêtre lui répond : « Chère mère, ce n'est pas à moi à vous donner des conseils; je ne suis qu'un enfant léger et dissipé, qui a plutôt besoin d'en recevoir que d'en donner; mais cependant, laissez-moi vous dire : « Ne vaut-il pas mieux souffrir un peu
« sur cette terre d'exil, pour être heureux
« toute l'éternité? J'ajouterai même : il est
« quelquefois nécessaire de se priver de ce

« qu'on aime, afin d'épurer l'âme par de pieux
« et saints désirs, afin que l'esprit dégoûté des
« joies du monde n'aspire et ne désire plus
« rien, si ce n'est Jésus et Marie. »

Les ardeurs de la jeunesse, les loisirs des vacances, la fréquentation des jeunes gens de son âge, ne lui avaient rien enlevé de sa ferveur et de son désir d'appartenir à Dieu. Il avait dix-huit ans quand, au lendemain de la rentrée au petit Séminaire, il s'épanche dans ces lignes : « J'ai retrempé mon âme dans un bain salutaire ; elle en est sortie forte comme l'acier contre les plaisirs du monde, tendre comme la cire pour prendre la forme de la vraie piété. Une seule résolution m'a occupé plus que toute autre : j'ai promis de bien observer mon réglement. Jésus est venu dans mon cœur ; il m'a dit qu'il serait toujours avec moi, qu'il soutiendrait ma *vocation*, et qu'il étoufferait les passions qui surgissent dans mon cœur de dix-huit ans. »

Marie, reine du clergé, le reçut dans la famille de ses congréganistes, en la fête de sa Présentation au temple de Jérusalem. Ce fut pour Albert un nouveau pas dans l'avenue du sanctuaire, comme l'annonce cette lettre du 29 novembre : « Je suis congréganiste de la Sainte-Vierge ; jugez quelle est ma joie ! Ce soir, pendant la cérémonie des promesses cléricales, je demandai à Jésus la persévérance dans ma vocation. Je fis un acte de consécration par lequel, comme Marie, je me donnai à Jésus pour toujours. »

Sa famille n'était pas de celles qui redoutent pour leurs fils une consécration qui les asrache au monde, pour les dévouer au service austère des autels. Albert témoigne donc que cette correspondance avec ses parents apporte un encouragement à ses desseins de vertu et de sacrifice. « Quelle bonne lettre je viens de recevoir de vous, chère mère ! quelles douces paroles vous avez fait retentir dans mon cœur !

Quel nouvel amour pour Dieu vous avez fait naître en moi ! Et en même temps, que de remercîments j'adresse au Seigneur de ce qu'il m'a donné une telle mère ! Cette lettre a été pour moi d'un utile secours ; elle m'a tout d'un coup ouvert les yeux et fait voir la beauté de ma vocation. J'avais jusque-là un œil tourné vers le ciel et l'autre vers la terre. Mon cœur était partagé entre Dieu et le monde. Sans l'aimer, j'avais pour lui un certain attachement. Si vous saviez les combats qui se livrent dans un cœur de dix-huit ans, surtout si ce cœur veut appartenir à Jésus ! Mais non, je n'aimerai pas le monde ; il me donnerait la mort. Que je plains les malheureux jeunes gens que le démon entraîne et qui se laissent emporter dans l'immense tourbillon, comme une feuille morte, d'abîmes en abîmes, de péchés en péchés, pour arriver à l'enfer ! »

Pénétré de cette grande parole du Seigneur : *Vous êtes la lumière du monde*, lui aussi aspirait à être dans le sanctuaire cette lampe ardente et brillante dont parle l'Évangile. En cette même année, il écrivait à sa sœur, alors en séjour aux bords de la mer : « S'il y a dans le pays que vous habitez un pèlerinage, soyez assez bonne pour y aller allumer un cierge à mon intention, et demander que mon cœur soit toujours un flambeau, c'est-à-dire qu'il soit toujours embrasé d'amour. Si vous saviez comme j'en ai besoin pour me rendre digne de la grande et sublime *vocation* que j'aurai à remplir un jour ! »

Plus tard, au lendemain d'une fête où il avait goûté les douceurs de la piété, Albert exprime ainsi son dégoût de tout le reste : « Que le monde est menteur ! me disais-je à moi-même. Il ne peut donner le bonheur, et pourtant il se vante de l'avoir ! Dieu seul est capable de nous satisfaire : il se donne tout entier à nous pour nourriture ; il nous donne son ciel, nous permet de le posséder, de goûter ses joies, alors que nous sommes encore sur la terre. Oh! la communion fréquente! quelle source de grâces, quelle fontaine où nous pouvons puiser à notre aise la force et la sagesse! Mais malheureusement, nous ne savons pas assez profiter des dons de Dieu. Ce n'est qu'au ciel que nous comprendrons tout à fait la bonté du Seigneur et notre peu d'amour pour lui. »

L'idée du sacerdoce ne se sépare pas de celle de l'immolation. Le prêtre doit être victime. Albert le pressent, et poursuivant sa pensée : « Que je suis heureux! écrit-il; aujourd'hui j'aurais tout souffert pour confesser ma foi! Dieu m'a choisi pour être prêtre un jour. Alors je serai toujours en sa sainte présence; je travaillerai pour lui; et plus tard... mais n'anticipons pas sur l'avenir. » Il termine sa lettre en disant! « Tout va bien : mes maîtres sont contents de moi; Notre-Dame-des-Trays veille sur son enfant. »

Ce nom de Notre-Dame-des-Trays revient souvent sous la plume d'Albert. C'est celui d'une madone honorée dans la terre que sa famille possède en Sologne. La petite chapelle que ses parents avaient consacrée à cette vierge antique, sur une éminence d'où la vue s'étend sur un large horizon, se présentait à son souvenir parmi les plus religieuses impressions de son jeune âge et de sa vie de famille.

La vie de famille dans ce cœur ne se séparait donc pas de la vie de piété. Elle aussi avait ses solennités intimes. Le 29 janvier 1867, fête de saint François de Sales, patron de son père, Albert écrit ces lignes où la piété filiale se révèle délicate et tendre jusqu'au scrupule.

« Puis-je me dire que j'ai toujours été un bon fils? Ai-je toujours été assez bon, assez prévenant, assez dévoué? C'est ce que j'ai peur d'approfondir! Mais dans ce jour, cher père, vous avez tout oublié. Je suis toujours votre fils Albert, qui veut être prêtre. »

C'est dans le trésor de son sacerdoce futur qu'Albert se réjouit de trouver un jour le moyen de payer la dette de sa reconnaissance. Il a demandé à ses parents d'aller faire ses études de philosophie au séminaire d'Issy, et déjà il leur écrit : « Il faudra vous séparer de nouveau de votre cher fils, faire de nouveaux sacrifices ; mais quand je serai prêtre, et prêtre selon le cœur de Dieu, bien pieux, bien saint, bien charitable, oh ! alors vous serez dédommagé. Je sais bien que je suis un homme de rien, mais enfin, Dieu voit ma bonne volonté. »

Ces affections de famille redoublaient d'intensité dans les angoisses des siens. Il se faisait leur consolateur, en leur montrant le bonheur du ciel prêt à nous payer des sacrifices de la terre. Sa sœur aînée ayant eu la douleur de se voir enlever coup sur coup ses deux petites filles, reçut de lui ces paroles d'amitié et de foi : « Levons les yeux au ciel ; c'est dans la contemplation de ce séjour de bonheur et de paix que nous pouvons trouver quelque consolation. Les bonheurs de la terre, les joies du monde ne sont pas capables de nous arrêter dans notre course rapide sur la terre. Là-haut sont des anges qui prient pour nous. A toi elles donneront le courage de supporter une telle douleur; à moi, je ne doute pas qu'elles n'obtiennent de devenir un saint prêtre, un martyr du devoir et de la charité. »

Ajoutons qu'Albert préludait déjà à son futur sacerdoce par l'exercice ardent du double amour de Dieu vivant dans le tabernacle et vivant dans le pauvre.

« Nous prenions d'ordinaire nos récréations, dit un de ses condisciples, dans le voisinage d'un sanctuaire consacré à la très-sainte Vierge, où résidait le saint-sacrement.

« La piété délicate des maîtres avait suggéré aux élèves l'excellente pratique d'interrompre spontanément leurs jeux, pour aller offrir à Jésus-Christ les travaux de l'après-midi. Albert s'y rendait de bonne heure, longtemps avant le signal; et là, profondément recueilli sous l'influence de ses pieuses pensées, il consacrait à la gloire de Notre-Seigneur, de la très-sainte Vierge, et au soin de son âme, les instants que tant d'autres donnaient au repos.

« Les offices publics du petit Séminaire le trouvaient également recueilli et plein de zèle. Il excellait dans l'accomplissement et dans la direction des cérémonies liturgiques, et ses condisciples aimaient à se renseigner auprès de lui sur les règles à suivre, sur les cérémonies à exécuter. Qu'il était heureux d'aider de ses mains et de ses bons avis ceux des nôtres qui, moins habiles et doués d'un goût moins sûr, perdaient souvent leur temps et leur peine dans la décoration de nos sanctuaires! Il avait à cet égard l'expérience d'un maître et le goût d'un artiste; et sa délicatesse, sa réserve eussent fait accepter son concours, lors même qu'on n'eût point songé à le réclamer. Maintes fois aussi sa main discrète déposait une fleur au pied de l'autel, réparait un oubli ou une maladresse et prévenait un malheur, cela à la dérobée, sans être vue ; mais qu'elle était aisée à deviner pour ceux qui connaissaient Albert !

D'autres fonctions plus difficiles, sinon plus honorables, lui furent confiées. Il fut, durant plus de trois années, l'âme de la Conférence de Saint-Vincent-de-Paul établie au petit Séminaire. D'autres se chargèrent de la direction des travaux de la Conférence, du soin des archives, du réglement des comptes ; il prit pour lui la dernière place, qui imposait les obligations les plus pénibles et les moins flatteuses. Tel fut, pendant cette période, l'emploi à peu près ordinaire de ses récréations : aussitôt après le repas, il allait recueillir les restes, qu'il transportait lui-même au siége de la Conférence, puis il en faisait la distribution aux pauvres gens avec une tendre sollicitude et d'admirables condescendances.

II

Transportons-nous maintenant au séminaire d'Issy où Albert vient d'entrer. Il écrit de là à sa famille attristée de son éloignement : « Ne pleurez plus, mais plutôt réjouissez-vous. Si vous pouviez être témoin de mon bonheur et de ma joie, vous en seriez étonné. »

A partir de ce moment, Albert rédigea un journal intime sous ce titre : *Miroir de mon âme*. C'est là en effet que cette âme se reflète dans la vérité de tous les sentiments que nous y voyons reluire à la lumière de Dieu.

Il est dans sa cellule de séminariste.

Elle est éloignée de la maison, et il faut, plusieurs fois le jour, franchir l'espace relativement considérable qui la sépare du local affecté aux exercices ordinaires de la communauté. Mais elle est contiguë au petit sanctuaire construit sur le modèle de la sainte maison de Lorette dans les jardins du Séminaire. Là, Albert va retrouver le trésor d'autrefois, et, mieux encore qu'à La Chapelle, il lui sera donné d'y vivre dans la société habituelle de Jésus-Christ. Aussi l'humble cellule de Lorette lui est-elle chère à double titre : « Quels mystères se passent dans cette cellule ! dit-il, que de grâces, que de faveurs ! » Dès son arrivée, Albert est allé faire sa consécration à cette pieuse chapelle : « Notre-Dame de Lorette, je vous appartiens pour toujours. Je suis votre enfant ; j'aimerai à vous suivre. Oh ! conduisez-moi au ciel ; conservez-moi la ferveur de mes sentiments, vous la Reine du clergé ; ensevelissez-moi dans votre manteau. Permettrez-vous que je revienne sur mes pas, que je jette un regard de regret en arrière ? »

Cependant Albert brûlait de donner un premier gage au sacerdoce en revêtant l'habit des clercs. Telle est la grâce insigne qu'il implore de sa famille dans la lettre suivante, en rattachant cette prochaine solennité de sa vêture à celle toujours présente de sa première communion : « Accédez à ma demande, chers et bons parents ; ce sera un nouveau bienfait ajouté aux mille autres que j'ai déjà reçus de vous. » Et quelques jours après : « J'ai reçu mon chapeau et ma barette. Si vous saviez comme cela me va bien ! Dans quelques semaines je vais faire le premier pas, recevoir la sainte *tonsure*. Ce sera le samedi 6 juin, veille de l'anniversaire de ma première communion. Ce jour fut mémorable dans ma vie d'enfant ; celui-ci le sera encore davantage dans ma vie de jeune homme. »

La cérémonie achevée, il en consigne le souvenir dans son journal, par ces lignes :

« Le pas est fait. Seigneur, vous êtes mon

partage; Dieu m'a acheté : il est juste que je lui obéisse. Il est mon père; non, il est mon frère. Oh! je vous embrasse, je vous presse sur mon cœur. Grand Dieu! pourquoi m'avez-vous choisi? qu'ai-je fait? Quoi ! trois ans de noviciat pour peut-être trente ans de sacerdoce ! Six mois de séminaire peuvent-ils expier vingt ans d'oubli? Je suis tonsuré; je porte la main sur cette sainte couronne; je ne suis plus du monde : j'ai pris Dieu pour mon partage. *Dominus pars hereditatis meæ et calicis mei. Tu es qui restitues hereditatem meam mihi.* »

Chez lui, la pensée de l'oblation à Jésus-Christ ne se séparait pas de celle de l'immolation. Il rêvait de sacrifices; et il y a, hélas! une lugubre lumière projetée sur l'avenir dans les lignes qui suivent : « Pendant cette cérémonie, il m'a semblé que j'avais le ciel en moi, et que Notre-Seigneur me demandait le sacrifice de ma vie. Je la lui offris avec bonheur; que penser de cela? Mon directeur m'a dit que je n'étais pas appelé aux missions. Du moins il me sera bien permis, ô Jésus, de *vous offrir mon sang goutte à goutte.* »

L'engagement pris ce jour-là avec Notre-Seigneur était irrévocable à ses yeux. Toute pensée contraire était repoussée par lui comme une tentation, et cette page de son journal, 2 janvier 1868, nous livre le secret de quelques-uns de ses combats. « Je méditai de nouveau sur le renoncement, l'humilité, un peu sur l'excellence du sacerdoce. Pourquoi ces révoltes des nerfs, ces susceptibilités intérieures? Peut-être sont-ce là les derniers efforts du démon qui voudrait m'arracher une faiblesse. Non, mon Dieu, je vous sacrifie le moi. Plus de volonté propre! Vous me dites de courir après les âmes; j'y vole. Oh! oui, je les aimerai, ces chères âmes; je veux être martyr de la charité; *je veux être et je serai un saint.* »

Albert quitta Issy à la fin de l'année 1869 pour venir achever ses études ecclésiastiques au Séminaire d'Orléans. A moins d'une année de là, nous trouvons cette ville en proie à l'invasion prussienne, le Séminaire occupé militairement, et Albert tout entier aux soins des malades et des blessés. Plus occupé d'agir que d'écrire, il fait seulement mémoire de ces faits dans une lettre à sa sœur aînée, réfugiée avec ses enfants à Saint-Jean-de-Luz : « Depuis la victoire de Coulmiers, nous sommes redevenus Français, mais on craint de toutes parts. Qu'allons-nous devenir? Malgré tout, Monseigneur ordonne la rentrée du Séminaire. Nous avons été infirmiers. Notre maison fut transformée en caserne; nous habitons avec quatre cents mobiles. Hélas! la pauvre règle est un peu laissée de côté. Nous rendons service à la patrie ; quoi de plus propre à nous faire supporter les petits inconvénients de ce voisinage? »

Vers le mois de février 1871, la guerre étant près de se terminer, et la ville d'Orléans de retrouver sa liberté, la plus jeune sœur d'Albert revêtit l'habit religieux à la Visitation, où elle était rentrée depuis un an bientôt. Nous lisons à ce sujet dans le journal de son frère : « C'est en ce jour que ma bien-aimée sœur Marguerite a revêtu le saint habit de religion. Quel bonheur pour tous ! quelle joie j'ai ressentie en entendant ces prières de l'Église, les mêmes que j'entendis prononcer sur ma tête au beau jour de ma cléricature ! J'aimais à la contempler, cette chère sœur, avec son visage si calme. La paix de son cœur se révélait au dehors. Oh ! ma sœur, tu es là ! tu pries, tu triomphes ! Et moi, je ne sais pas prier. Je veux aimer, et cependant je ne veux pas des croix que tu embrasses ! Oh ! ma sœur, soyons unis : prions. »

Dans le même temps, Albert adressait les lignes suivantes à sa mère désolée de cette séparation d'avec sa dernière fille : « Jésus-Christ a beaucoup souffert, et son cœur n'était pas consolé ; mais le vôtre ! Dans ce déchirement, vous restez assurée d'être toujours aimée ; vous pleurez celle que vous croyez n'être plus une fille pour vous ; mais là, derrière cette grille, oubliez-vous qu'il y a plus d'amour qu'à la maison paternelle ? car là c'est Dieu lui-même qui en est le foyer. Oubliez-vous quels doux embrassements vous furent donnés par elle au sortir de la table sainte ? Vous vous dites seule ; mais serez-vous jamais si seule que la très-sainte Vierge ? Elle ne dit rien quand les hommes lui eurent tué son fils. »

La mort d'un de ses oncles, et le sentiment des besoins spirituels de cette âme rappelée, allument dans le futur prêtre ces ardeurs de zèle : « Je vais prier et faire prier ; la liste de nos chers défunts est bien grande, les besoins de la famille nombreux. Oh ! je voudrais déjà avoir le cœur du prêtre pour déverser sur tous ceux qui souffrent l'amour divin qui le doit embraser. »

Tout en s'intéressant à tout ce que la famille et le monde lui présentent de digne d'un grand cœur, on voit cependant que désormais Albert consacre peu de pages aux choses du dehors. De plus en plus il préfère s'étendre en réflexions sur son âme. A la suite des ordres mineurs qu'il vient de recevoir, il s'entretient ainsi avec le journal gardien de ses souvenirs : « Belle et bonne journée ! je suis exorciste, acolyte; je me donne à Notre-Seigneur crucifié. Non seulement je ne veux pas perdre de vue l'idéal que je me suis fait du prêtre, mais je le veux réaliser dès aujourd'hui. »

En attendant le jour où il pourrait exercer auprès de tous le ministère de la consolation, Albert y préludait auprès de sa famille. A sa sœur qui venait de voir succomber son mari, dans des sentiments d'admirable piété, le jeune clerc adressait ces lignes fortifiantes : « Rappelons-nous bien souvent, bien-aimée sœur, le mot sublime que l'Église met sur nos lèvres à toutes les époques où le cœur est près de défaillir : « *Sursum corda*, les cœurs en haut ! » Méditons cette grande parole de notre bon Sauveur : « *Amice, ascende superius,* ami, montez plus haut, montez encore. » Que ton âme s'épanouisse au pied du crucifix ; qu'elle remonte de la terre imbibée du sang de Notre-Seigneur Jésus-Christ, jusqu'à ce cœur percé de la lance, et disons avec conviction : « Il fait « bon ici. » Puis élevons-nous encore jusqu'à ce doux visage, jusqu'à ces yeux qui regardent en haut. Regardons aussi plus haut que la croix ; regardons le ciel, et disons : « Là seule-« ment je goûterai le repos. » Puis redescendons encore sur terre, puisque c'est là que se poursuit notre pèlerinage ; et là encore, unis à Jésus agonisant, écrions-nous : « Mon père, « que votre volonté soit faite. »

Quelques mois après, il est appelé à l'honneur de s'engager à Jésus-Christ dans le sous-diaconat. « Que de pensées agitent mon âme ! Mon directeur m'avertit de me préparer au *sous-diaconat*. Est-ce possible, mon Dieu ! que vous me vouliez à vous ? Mais les saints ordres sont la récompense d'une vie sainte et pure. Aujourd'hui que je m'examine sur les ordres déjà reçus, je n'aperçois point en moi la vertu du tonsuré, le renoncement et la fermeté qui doivent briller dans l'exorciste, la tendre piété de l'acolyte. Un mois déjà est écoulé, et qu'ai-je fait pour Dieu ? Mon Dieu, mon Dieu, la sainteté ! Oh ! il faut que je devienne un saint, **je le sens, il le faut** ; mon directeur ne cesse de me dire que Notre-Seigneur demande de moi quelque chose de plus qu'aux autres séminaristes. Manifestement, Dieu m'appelle à la vie parfaite. Cette pensée est effrayante ; j'ai plus de grâces que qui que ce soit, et je ne vis pas mieux que les autres. Je crains que Dieu se lasse ; attendez encore un peu ; oui, je me rends à votre appel. »

Ses grands sentiments de piété ne faisaient qu'accroître ceux de l'amour filial, et il écrivait à ses parents à la veille de l'ordination : « Avant de m'engager pour toujours et de me consacrer d'une façon irrévocable, je désire beaucoup recevoir votre bénédiction ; elle me portera bonheur et augmentera ma confiance. »

L'ordination est achevée, le sacrifice consommé ; Albert rentre chez lui sous-diacre, et il écrit : « Me voilà au soir de ce grand jour. Mon Dieu, est-ce possible ? suis-je sous-diacre ? Je ne puis le croire ; je crois rêver ; je me regarde ; je me vois tel qu'hier. Où donc est le changement ? Je sens que je suis sous l'empire d'une forte et vive impression. Je suis comme un homme à qui l'on révèle ce qu'il aurait fait pendant son sommeil : il n'en peut croire ce qu'on lui dit ; tout l'étonne, tout le surprend ; il crie au mystère, au miracle.

« Comment! je suis sous-diacre? comment! j'ai fait ce matin le vœu de virginité? J'ai contracté l'engagement de réciter tous les jours le saint office. J'ai promis à Dieu de le servir fidèlement tous les jours de ma vie près des autels; je l'ai assuré que je ne voulais avoir pour famille que les âmes de mes frères, que je renonçais de bon cœur et librement aux joies du monde, à ses plaisirs, à ses fêtes, même légitimes! Quoi! j'ai promis tout cela! Quoi! je me suis engagé pour tout le temps de ma vie! Je ne m'appartiens plus ; je suis le serviteur de l'Église; je suis l'enfant de l'Église d'Orléans! Tout cela est vrai, tellement vrai que je ne puis renier aucune de mes obligations sans assumer sur ma tête les foudres de Dieu.

« Je sens bien que mon cœur est changé. Encore une fois, je ne puis m'expliquer un tel calme, une telle tranquillité, en présence de ce fardeau dont je viens de charger mes épaules.

« Quelle matinée, quels battements de cœur quand j'entendis prononcer mon nom au milieu de l'assemblée sainte ! Je sentais les larmes venir à mes paupières ; je pensais au sacrifice qui allait s'accomplir ; je pensais à cette famille qui m'entourait ; je pensais surtout à la bonté de Dieu envers moi ; je voyais enfin l'accomplissement de ce qu'une voix intérieure me promettait depuis si longtemps. J'allais donc enfin consommer le sacrifice, monter la première marche de l'autel sanglant : j'allais avoir la certitude que je serai prêtre !

« Nous fûmes tous appelés et fîmes le pas généreusement, puis vint la prostration. Couché sur le pavé du temple, que se passa-t-il? Je ne puis le dire. A chaque consécration que l'évêque faisait sur moi, il me semblait qu'une force divine m'était communiquée ; il me semblait que Dieu me bénissait physiquement, tant l'onction divine était vive et agissante en moi. Je n'avais que deux pensées alors : aimer Jésus-Christ, aimer les âmes, puis m'oublier moi-même. Je demandai à Notre-Seigneur la grâce de ne pas me relever, si je devais jamais manquer à mes engagements. Je me relevai ; j'étais radieux. Je m'approchai du pontife pour toucher le calice ; et alors je souriais de bonheur ; je sentais qu'il n'y avait plus rien d'humain : le sacrifice était consommé ; l'Église comptait un confesseur de plus dans ses rangs.

« Qu'ajouterai-je à ce qui précède ? *Alleluia, alleluia !* Tous les jours de ma vie je remercierai Notre-Seigneur de la grâce qu'il m'a faite de me prendre et de m'enrôler dans sa milice ; tous les jours de ma vie je vivrai du souvenir de ces douces émotions. »

Une seconde démarche vers le sacerdoce, celle du *diaconat*, a laissé dans son journal cette trace embrasée :

« J'étais bien préparé, dit-il, à recevoir le

saint diaconat. Aussi quand je montai une seconde fois les degrés de l'autel, j'étais heureux ; il me sembla alors voir la confirmation des promesses de Jésus-Christ, de cette grande parole : *Accipe Spiritum sanctum,* que le pontife prononça sur ma tête inclinée. Qu'était-ce, sinon quelque chose de cette flamme extérieure qui se reposa sur les apôtres, comme témoignage de la vie nouvelle qui serait en eux ?

« Je suis diacre. Oh ! que ne puis-je le dire toujours avec autant de sincérité : « Je suis « fort, je suis le lion de la tribu de Juda, la « tour forte de la tribu d'Israël. » Le sacerdoce viendra, et alors je devrai dire : « Je suis « saint. » Pensée immense ! Mon âme ne l'oublie pas ; nous ne serons saints qu'autant que nous serons mortifiés : *Victima sacerdos.* »

Ce nom de *victima* qu'il vient de s'attribuer à lui-même ne devait s'accomplir que trop littéralement. Déjà très-souffrant, il ne supportait qu'avec difficulté le régime du Séminaire. Nous l'entendons le confesser une première fois. « Je suis dans une grande prostration physique ; tout mon travail pendant le carême a été de me supporter et de faire pénitence, en offrant mes souffrances à Notre-Seigneur. »

Deux mois après, il écrivait : « La fatigue corporelle agit sur moi ; il la faut oublier, se mortifier quand même, être fort contre les rébellions du corps ; celles de l'âme seront plus faciles. »

Par instants il redoutait de ne pouvoir entrer dans la terre promise que Dieu venait de lui ouvrir, en l'admettant aux ordres ; c'est le grand sacrifice dont il parle de cette sorte :

« Si Dieu juge qu'il soit plus utile pour les âmes que je quitte la terre avant d'avoir pu leur dire combien je les aime, eh bien ! je remercierai encore ce bon Père de la sublime vocation qu'il a mise en moi. Je le prierai de reporter sur mes frères dans le sacerdoce les grâces que je lui demandais tous les jours pour que son saint nom fût connu et aimé de plus en plus; et je mourrai heureux et content d'avoir vu de loin la terre promise, cette terre que je me reconnais incapable et indigne de cultiver.

« Mon Dieu, votre diacre vient de vous porter dans ses pauvres mains! Oh! instants précieux! oh! grâces de choix! je viens d'exposer Jésus sur l'autel; mes mains l'ont touché à travers le mince cristal; ma langue a proféré des paroles d'amour; mon cœur vous a offert le vin du sacrifice; mes yeux ont plongé dans ce ciboire de vermeil où vous reposez, et ils se sont formés de crainte et de respect. J'ai vu ce vin au fond du calice d'or, le pain sur la table du sacrifice; j'ai entendu le prêtre qui prononçait les paroles mystiques; avec lui j'ai adoré. O souvenir de mon premier office de diacre, ne me quitte jamais ! Tu seras mon soutien au jour de l'épreuve, et quand je sentirai mon âme refroidie, tu te montreras à mon regard, et tu me rappelleras les grandes choses que le bon Maître veut accomplir dans l'âme de son serviteur.

« O imagination, ô intelligence, ô facultés aimantes, c'est vers l'Eucharistie qu'il faut vous élancer, c'est de l'Eucharistie qu'il faut vous nourrir. C'est cet adorable sacrement qui devra être le centre de mon activité. »

Le jeune diacre vient d'être appelé à l'honneur d'exercer les fonctions de catéchiste auprès des jeunes enfants qui se préparent à faire leur première communion en la paroisse de Sainte-Croix. Rien ne répondait mieux aux désirs de son cœur. Cette page de son journal témoigne de sa joie et de sa reconnaissance : « Pouviez-vous, mon Dieu, me faire une plus grande grâce que de m'appeler à travailler sous votre conduite auprès de ces chers enfants? Quelle surprise quand M. Fleury m'a appris ce choix! quelle joie en pensant à ce premier ministère! Il me semble avoir déjà pour ces chers enfants un cœur de mère. Combien je désire leur inculquer les vérités chrétiennes que moi-même d'abord je voudrais pratiquer, et telles que je les comprends! Je sens déjà combien il est important que l'on soit bien convaincu pour entraîner les autres. La conviction dans le prédicateur suppose la pratique, et celle-ci suppose la sainteté; voilà pourquoi les saints ont converti plus d'âmes que les théologiens. »

Le jour où le jeune catéchiste put conduire ses enfants à la table de communion fut celui de ses premières joies apostoliques. Elles sont inénarrables; son cœur déborde dans ces lignes trempées de ses larmes de bonheur : « Que de grâces recueillies près de cet autel où ces enfants venaient recevoir Jésus pour la première fois! Je me sentis une âme de prêtre. »

Et le lendemain, après la messe d'action de grâces : « Mon Dieu, prenez ces chers enfants qui vont nous quitter ; nous ne les verrons peut-être plus ; notre œuvre est achevée ; la chapelle est vide, et au soir de ce beau jour j'ai besoin de pleurer. »

Au commencement de janvier 1873, Albert tient à faire savoir à son père et à sa mère que les affections du ciel n'ont rien enlevé de leur tendresse à celles de la terre. Le regret de ne point aller les saluer en ce jour lui est un sacrifice dont il indique par ces lignes le caractère sacré : « Cher bon père et chère bonne mère, il faut observer jusqu'au dernier jour de bon cœur le réglement que j'ai accepté en entrant dans cette maison, quelque pénible qu'il soit, à cette heure surtout où j'éprouverais tant de bonheur à me trouver près de vous. Mais du moins aujourd'hui je puis bien vous dire les paroles que la sainte Église m'a ordonné d'adresser aux fidèles au jour de mon

diaconat : *Dominus vobiscum*, « que le Sei-
« gneur soit avec vous. » Puis attendez :
bientôt le diacre aura grandi ; il sera devenu
prêtre. Et comme Marie oubliant près de saint
Jean ses souffrances passées, vous oublierez
dans le cœur de votre fils les tristesses de la
séparation. »

III

Le mois de bénédiction, le mois du Sacré-Cœur s'ouvrit pour notre Albert par la retraite préparatoire à l'Ordre de la prêtrise. Dans l'intervalle des exercices, il résume ainsi les impressions brûlantes que lui laisse l'explication des rits de l'ordination, tels que l'Église les présente dans les paroles sublimes du *Pontifical romain*.

« Le pontifical résume la vie du prêtre selon le cœur de Dieu ; je veux y travailler.

« Je deviendrai premièrement *un parfait tonsuré*. Je ne suis plus du monde ; je suis revêtu d'un habit de deuil ; je me suis offert à Notre-Seigneur comme une victime. Je lui ai demandé d'être immolé sur l'autel du sacrifice ;

l'offrande a été acceptée. Le pontife m'a enveloppé du surplis, tandis que les anges chantaient le cantique de la pureté et de l'innocence. Jésus-Christ est mon partage; je ne dois plus avoir les goûts du monde; je ne puis aimer ses plaisirs, ses fêtes, ses conversations, ses parures, ses manières de se vêtir et de paraître qui dénotent l'homme et font oublier le prêtre. J'ai dit adieu au monde; je ne suis donc plus son enfant, mais l'enfant de Dieu et de l'Église son épouse. Je dois donc aimer l'Église d'un grand amour, comme Jésus-Christ l'a aimée. *Christus dilexit ecclesiam et tradidit seipsum pro eâ.* Je l'aimerai, cette bonne mère, d'une affection d'enfant. J'aurai des prières et des larmes pour elle; j'aurai des paroles sur les lèvres pour la défendre des attaques de ses ennemis; j'aurai du sang dans les veines pour la venger.

« L'Église est ma mère. Donc tous les chrétiens sont ses enfants; donc ils sont tous mes frères : je saurai me mortifier, me punir pour eux. L'Église a reporté son autorité de mère sur la tête de vieillards éclairés de l'esprit de son divin époux : j'aimerai donc d'un amour filial ces chefs augustes sous lesquels je suis appelé à combattre. Jamais je ne me mêlerai à leurs agresseurs, à ceux qui les dénigrent et les calomnient. Respect, puis obéissance. J'accepterai tous leurs ordres comme venant de Dieu. Soldat, j'aimerai ma place forte, mon général et mon drapeau : l'Église, mon évêque, mon pontifical. »

Albert passe de là à des réflexions intimes sur les Ordres mineurs, en commençant par la première : « *Je suis portier.* A ce titre, j'aimerai la maison de Dieu, et je la ferai aimer de mes paroissiens. Je veillerai à ce que tout y soit en ordre et qu'il y règne la plus grande propreté. Puis la maison de mon maître est aussi ma demeure. C'est là que je passerai de longues heures chaque jour. Or je ne viendrai dans ce temple qu'autant que je l'aimerai, et je ne l'aimerai qu'autant que tout sera propre et décent. Donc j'aurai le soin de tout ce qui, de près ou de loin, sert au culte divin. Enfin l'église maison de Dieu, l'église maison du prêtre, est aussi maison des hommes : je m'efforcerai d'attirer les fidèles à l'église. Je veux qu'elle soit aimée, visitée, habitée.

« *Je suis lecteur.* J'aimerai ma Bible, parce que je dois instruire, gouverner et juger. C'est dans ce livre que je trouverai la vérité et la loi. Je lirai tous les jours quelques chapitres de l'Ancien ou du Nouveau Testament. Je dois réaliser dans ma conduite la vie de Jésus-Christ, vie intérieure, vie extérieure et sociale. Or, ce livre me révèle Jésus dans chacun de ces trois états. Dès lors, quelle sainte passion ne dois-je pas avoir pour lui !

« *Je suis exorciste.* Non seulement je dois combattre le monde, mais je dois m'opposer de tout mon pouvoir aux attaques du démon.

Prêtre, je devrai le chasser au saint tribunal de la pénitence, et pour réussir dans cette œuvre, je prierai pour ces pauvres âmes enchaînées par l'enfer. Rien de commun entre Satan et moi. Je dois le combattre dans le prochain par les armes de la prière, de la parole et de la grâce. Mais je n'y réussirai qu'autant que je commencerai par le combattre en moi par la fuite du péché, de l'ombre même du péché, par la mortification et par l'humilité.

« *Je suis acolyte.* Je méditerai souvent sur les qualités que symbolise le cierge. Prêtre, je dois être la lumière du monde. Il ne suffit pas que je sois la lumière du sanctuaire; il faut que je sois la nuée qui éclairait et guidait les Israélites au désert. »

Les méditations sur les Ordres majeurs placent encore plus haut l'idéal de vertu où ce noble cœur aspire. Nous l'avons vu déjà, et il faut vous hâter avec lui vers ce sommet où depuis son enfance n'ont cessé de monter ses pensées, ses démarches, ses prières, ses vœux.

7 juin 1873. « Je suis prêtre ! *Je suis prêtre !* »

Arrivé à ce moment, Albert ne se contient plus. Son pieux transport éclate par des cris vers le ciel et vers le tabernacle. « Ce matin j'ai reçu l'imposition des mains du pontife. Mes pauvres mains ont été ointes de l'huile sainte, et il m'a été dit : *Quæcumque benedixerint benedicantur, et quæcumque consecraverint consecrentur et santificentur !* Pauvres mains, je vous baise avec respect ; je vous vénère à l'égal des reliques des saints. Ma première parole sacerdotale a été : *Hoc est corpus meum !* Quelle parole ! O cœur ! ô lèvres ! vous ne m'appartenez plus ! Une seconde fois j'ai parlé pour dire : *Promitto.* Je ne m'appartiens plus ; je suis à Dieu et aux âmes, sous la dépendance de mon évêque. Je suis prêtre ! Enfant par l'âge, vieillard par le nom et le caractère sacerdotal. Grand Dieu ! quelle dignité, quel poids sur mes épaules ! Je le sens, je l'accepte, je le veux porter avec amour.

« Quels instants ! Ce matin, il me semblait que Notre-Seigneur faisait passer mon âme sous une presse, comme l'ouvrier qui travaille le fer sous le laminoir. Je sens que tout en moi est renouvelé, changé. Hier je me suis endormi homme comme nous le sommes tous, et ce matin je me suis réveillé prêtre. Quelle vie ! quel avenir ! Se dire : J'ai devant moi des âmes pour lesquelles Jésus-Christ a versé son sang, et ne plus vivre que pour elles ! N'avoir qu'un seul désir, qu'une seule ambition : les aimer comme Jésus-Christ les a aimées, leur parler comme il leur parlait, les guérir comme il savait les guérir, lui, le bon Samaritain.

De ce point culminant s'ouvre pour le jeune

prêtre une perspective nouvelle : celle de sa première messe dont il salue les grandeurs dans ces lignes de feu : « Et demain ! car je ne suis qu'à la moitié de mon triomphe ; demain je me verrai entouré par une foule attendrie de parents et d'amis. A mes côtés sera un vieillard jaloux de mon bonheur ; il me soutiendra pour monter à l'autel, et les larmes dans les yeux, nouveau Siméon, il remerciera le Seigneur d'avoir vu encore une fois le saint sacrifice offert par un jeune prêtre. Ces yeux, cette bouche, ces mains, cette intelligence, ce cœur, ces pieds, tout va se mettre en mouvement vers le Seigneur ; et, tout à la fois sacrificateur et victime, je serai celui qui offrirai à Dieu Jésus-Christ, son divin fils. Déjà j'ai tremblé en touchant pour la première fois les linges et les vases sacrés. Que sera-ce donc demain quand mes doigts consacrés porteront Jésus-Christ ? J'ai envié, sans le comprendre, le bonheur de Marie portant dans ses bras Jésus le

Dieu de Béthléem. Et moi ? Ah ! aujourd'hui, mes pouvoirs m'épouvantent. »

La première messe d'Albert fut célébrée par lui au monastère de la Visitation d'Orléans, où sa sœur venait de faire profession sous le nom de sœur Marguerite de Sales. Cette fraternité de consécration et d'immolation, cette chapelle remplie par tous les membres de sa famille, cet honneur surhumain qui le fait tressaillir de crainte et de bonheur, ne parviennent qu'à peine à se traduire ici :

« *8 juin*. — Ma première messe !

« Pourrai-je jamais redire les impressions que j'ai ressenties ce matin ? Grand Dieu ! moi si petit et si grandi ! Quelle entrevue j'ai eue avec ma chère sœur, quelques instants avant de monter à l'autel ! Deux victimes se donnant la main au pied du même autel ! Je n'oublierai jamais que toute ma vie doit être employée à prier, à supplier, à intercéder pour les membres de ma famille. Je dois être le paratonnerre qui éloigne de mes amis le châtiment du ciel. Je dois être un Moïse pour conjurer la colère divine, un Josué pour combattre les ennemis du Seigneur, un Melchisédech pour offrir chaque jour le pain et le vin, un Raphaël pour conduire les âmes qui doivent m'être confiées.

« Cher autel, sois toujours pour moi ce que tu m'es apparu ce matin. Aux jours de tristesse et de découragement, je viendrai m'agenouiller près de cette pierre sacrée, devant ce tabernacle, et comme saint Vincent de Paul allant frapper à la porte de cette prison d'amour, je m'écrierai dans l'élan de ma foi : « Seigneur, est-ce que vous n'êtes plus là ? »

Albert ne quitta pas sans regret le cénacle de sa formation ecclésiastique. Toute sa vie cléricale se rappelle à lui dans ces lignes qu'il intitule : *Mes adieux au Séminaire :* « Je vais donc quitter cette chère maison, dire adieu à mon bon supérieur que j'appelais mon père, renoncer à venir désormais chaque semaine m'asseoir près de son bureau, recevoir sa douce direction. Il faut dire adieu à ces professeurs, à ces salles, à cette chapelle, à cet autel source de si nombreuses consolations. Saintes joies du Thabor, étonnements du cénacle, ravissements de Béthanie, tristesses du Calvaire, je vous ai connus dans cette pieuse chapelle.

« Il est une stalle que j'ai souvent arrosée de mes larmes. Chaque semaine je venais m'y cacher quelques instants pour me relever ensuite plus fort et plus courageux. Oh! puissé-je toujours avoir devant les yeux de ma conscience ce moment de la confession, et redouter mes fautes, comme je le faisais alors! Puissé-je toujours dire avec la même confusion : *Pater peccavi,* « pénitence et absolution! »

La chapelle de la Sainte-Vierge ne pouvait être oubliée de cet enfant de Marie : « Adieu aussi à ce cher petit sanctuaire qui représente à mes yeux l'enfant Jésus appuyé sur le sein de sa mère. C'est bien là que j'ai fait mes meilleures promesses et formulé mes meilleures prières. Là j'ai récité mon premier office du bréviaire ; là, diacre de quelques heures, j'ai dit mon premier *Dominus vobiscum* ; prêtre, j'ai présenté à ma bonne mère mes doigts consacrés. Cette chapelle est tout un livre pour moi. J'aimerai à venir y réciter mon chapelet, confondu dans l'obscurité avec mes frères plus jeunes qui commencent à la connaître et à l'aimer. »

Un mot à la cellule confidente de ses travaux et de ses réflexions : « Il faut quitter cette bien-aimée cellule de laquelle je ne suis jamais sorti sans y revenir moins homme ; j'emporte avec moi l'esprit qui l'habitait, j'emmène l'ange gardien qui y veilla pendant les années de mon séminaire. Recueillement et simplicité, calme et travail dans la nouvelle vie qui commence pour moi. »

Enfin c'est de la famille entière de ses condisciples, c'est de toute la maison de Dieu qu'il prend congé en ces termes : « Adieu à ces chers confrères dans le sacerdoce, qui, après avoir vécu comme moi de cette vie de famille, s'en vont aller là où l'obéissance les appellera. Pauvres petits grains de sénevé, puissiez-vous trouver une terre fertile !

« Adieu à ces autres frères que la grâce retient encore entre ces murs, en attendant que Jésus-Christ soit formé dans leurs cœurs. Que cette vie d'union et de charité, de laquelle nous avons vécu, soit pour moi une image de la vie que je dois mener dans le presbytère où je serai envoyé !

« L'on me reverra souvent au séminaire. J'ai besoin de revoir ces visages aimables, d'entendre ces conversations joyeuses, de respirer ce bon air de piété. Là le ciel me semble plus près, la vertu plus accessible, le sacrifice moins coûteux, les efforts plus doux, la persévérance plus facile. »

Albert une fois prêtre, l'heure était donc

venue de lui assigner le champ qu'il devait cultiver. Il attendait docilement cette désignation avec la tranquillité dont témoignent ces lignes :

« *Juillet 1873*. — C'est donc une chose bien rare et bien difficile que la sainte indifférence ! Tous les jours des bruits circulent sur ma destination, sans parvenir à m'émouvoir. Et cependant bien des personnes autour de moi s'agitent et sont en proie à la crainte ou à l'espérance, selon qu'une bonne ou mauvaise nouvelle leur est communiquée ; pour moi, tout entier à mon bonheur, repassant en mon esprit les grandes choses que le Seigneur a faites en moi, je laisse de côté les conjectures du monde, et je m'écrie volontiers avec les apôtres : *Domine, bonum est nos hic esse.* Mais il m'est dit comme autrefois au prophète : *Surge et ambula, restat tibi grandis via;* et me levant, j'écoute pour entendre de quel côté va souffler le vent du ciel... Rien ne répond à ma voix : la lumière ne se montre pas encore; l'étoile ne s'est pas encore levée; les âmes que je dois conduire ne sont pas encore venues au devant de leur humble conducteur. Restons donc à savourer le Pain eucharistique : *Surge et comede ;* de quelque côté que je dirige mes pas, je trouverai la paix et la vision de Dieu. »

IV

Nommé par Mgr l'Évêque d'Orléans vicaire de Beaugency, non loin de sa famille, sous la direction d'un excellent curé et dans une ville remplie d'institutions de piété, Albert n'eut qu'à remercier le Seigneur du partage qui lui était échu. Hélas! ce premier champ qui lui était confié devait être aussi le dernier.

L'histoire de son âme depuis sa rentrée jusqu'à sa mort se retrouve dans un recueil de sa main qu'il désigna sous ce titre : *Ciel et terre.* Nous aurons à le compléter par quelques passages de ses lettres écrites à ses parents, et nous aurons ainsi une image incomplète sans doute, mais fidèle, de sa vie intérieure et sacerdotale.

« Ma première journée dans mon premier

vicariat ! Je suis donc enfin libre du côté du monde ; je prends mon essor vers cette patrie des âmes après lesquelles je soupirais depuis si longtemps. Chaque pas que je fais réveille en moi la parole de saint Bernard : *Ad quid venisti?* Ma nouvelle demeure ne me fera jamais oublier ma cellule de séminaire ; cet ameublement, témoignage d'affection de ma famille, ne me fera pas oublier que les pauvres doivent avoir leur part de ce que je possède.

« J'ai tout quitté, et j'ai accepté de lourdes chaînes ; je serai prêtre dans toute l'étendue du mot, grave, digne, prudent, n'oubliant jamais cette parole de l'apôtre : *Nemo adolescentiam tuam contemnat.* J'aimerai ma chambre et mes livres ; je porterai toujours un regard religieux sur l'autel où je monterai chaque matin, sur la chaire, le confessionnal. Tout dans l'église devra me redire cette grande parole : *Tu es sacerdos.* Je serai un vicaire selon l'esprit de l'Église, sans prétention, sans ambition, n'ayant qu'une seule pensée et un seul désir : faire le plus de bien possible. Dès lors n'avoir pas d'opinions arrêtées, ne pas agir en dehors de l'action de mon curé, ne pas empiéter sur les fonctions de mon confrère. Je suis jeune et novice ; pourquoi trancher de l'homme nécessaire ? »

Voici maintenant un autre côté de cette jeune âme sacerdotale : son imagination religieuse et poétique. Albert aime la campagne, et, pour la trouver plus digne de sa contemplation, il y porte la pensée de Dieu :

« Pour moi, cher ami, dans mes jours de rêverie et de pieuse mélancolie, je fuis les toits et les rues de ma petite ville, puis je m'enfonce dans quelque chemin solitaire pour causer avec mon âme. L'homme, sans doute, n'est point fait pour la solitude, mais nous l'aimons tous. Après une journée fatigante et dispersée, après ces heures pendant lesquelles notre cœur nous a échappé, oh ! que nous sommes

heureux de le retrouver enfin au pied d'une croix abandonnée, près d'une fontaine écartée, dans un bois touffu où pénètre seul le regard du soleil ! N'est-ce pas qu'alors notre pensée monte bien haut, vers d'autres régions habitées par les amis de Dieu ? Alors revient d'elle-même se placer sur nos lèvres cette parole de saint Augustin : « Mon cœur est dans l'agita-
« tion jusqu'à ce qu'il puisse se reposer près
« de vous, ô Seigneur ! »

Ce qu'il ajoute nous introduit dans la chambre vicariale, où il se plaît, entouré de ses meilleurs souvenirs : « Quand je rentre dans ma cellule, je retrouve mes chères occupations, mon crucifix, la statue de ma bonne Mère, mon bréviaire et le saint Évangile. Je pense à ma famille pour la recommander aux saints ; je pense aux âmes pour leur faire un peu de bien, puis je donne un regard à trois belles estampes qui ornent mon cabinet. A droite et à gauche de la porte, ce sont deux gravures de Paul Delaroche : le *Vendredi saint* et l'*Évanouissement de la Sainte-Vierge*. Le visage de Marie a une expression que j'ai rarement rencontrée dans les *Mater dolorosa*. Au-dessus de la cheminée, j'ai une gravure du même : c'est la *Martyre chrétienne*, image de notre vie ballottée et combattue, qui doit toujours finir par se couronner de l'auréole du sacrifice et de la mort volontaire. »

Il y avait dans Albert l'âme d'un contemplatif; il vivait beaucoup dans le ciel; c'est là qu'il faisait voir à sa sœur aînée les enfants qu'elle pleurait : « Courage! les yeux levés au ciel, interrogeons les étoiles : l'air où nous vivons est peuplé d'anges qui veillent sur nous. Interrogeons les hauteurs : elles nous cachent de grands mystères dont la révélation doit nous faire vivre d'espoir. Interrogeons-nous nous-mêmes pour mieux nous connaître et devenir meilleurs. »

Sans doute les occupations croissantes de

son ministère ne lui permettaient pas de visiter les siens aussi souvent qu'il le souhaitait et qu'eux-mêmes l'eussent voulu ; mais les lettres reformaient les liens de la famille, et celle-ci témoigna qu'il savait toujours se souvenir et aimer : « Chaque jour je remercie le Seigneur de ne pas m'avoir jeté seul sur la terre, de m'avoir conservé mon père et ma mère, de m'avoir donné frères et sœurs. Chaque jour je remercie ce bon maître de m'avoir fait prêtre et d'avoir épuré, en le surnaturalisant, le besoin d'aimer que toute créature ici-bas connaît pour le goûter, et ressent, pour en vivre, tous les jours de sa misérable vie. »

Et peu de temps après : « J'ai cette semaine profité d'un moment de repos pour me réchauffer au foyer de la famille, et ma première étape fut au château de Saint-Aignan. L'air y est si pur et le bon Dieu si près, que l'on oublie bien vite les heures qui fuient pour ne plus revenir. De là je me suis envolé à

Autry ; ce lieu, que je n'avais jamais exploré, me laissera de profondes impressions ; ce vieux castel, ces vertes prairies, ces collines aux pentes si douces, ce village bâti sur le coteau, ce clocher dont la flèche élancée est en vue, de quelque côté qu'on le regarde, et puis la foi si vive et la vertu si héroïque de ma tante! »

Mais il revient vite à Beaugency, à son travail, à son ministère et aussi à son âme ; il écrit à ses parents : « Hier j'ai célébré l'anniversaire de ma naissance et de mon baptême ; je suis donc plus vieux d'une année. J'ai vingt-huit ans ; personne n'y a pensé, et il était difficile que quelqu'un y pensât. Je ne m'en suis pas moins réjoui devant le bon Dieu. Dans le monde on regrette plus les années passées qu'on ne sait profiter des nouvelles ; le plaisir absorbe les esprits. Pour le prêtre, la vie est un printemps continuel ; il ambitionne la maturité de l'homme, l'expérience du vieillard pour se multiplier davantage et faire plus de bien. »

Maintenant il nous faudrait raconter ce ministère qui fut pour notre Albert une course ardente, hélas! et trop rapide à la conquête des âmes. Il était l'homme de tous, des petits et des grands, des enfants et des vieillards. La confiance générale avait été bientôt acquise à ce jeune prêtre d'un abord si sympathique, d'un accent si convaincu, d'un zèle si entraînant; sa parole publique avait un mouvement et une facilité qui portaient l'émotion, et n'attendait que le calme et que l'expérience de l'âge pour devenir une véritable puissance apostolique. Il possédait le rare don de se mettre à la portée de tous et de savoir être populaire en restant distingué. Les catéchismes étaient sa prédilection. Que de démarches il fit pour instituer parmi les jeunes filles chrétiennes la congrégation des Enfants de Marie! Que de dépenses de forces, de temps et aussi d'argent pour fonder à Beaugency les réunions dominicales de garçons! Il aimait ces jeunes gens, il vivait au milieu d'eux ; il leur avait procuré une maison, des jeux, se mêlant à leur existence pour la sanctifier, parce qu'il voyait en eux l'avenir de la religion dans cette chère paroisse. Il en est d'autres chez lesquels il avait distingué les germes de la vocation ecclésiastique entretenus au sein d'une famille chrétienne, et sa générosité survivant même à sa mort, n'épargna rien pour l'enfant dans lequel il saluait l'espérance d'un prêtre.

Au chevet des malades c'était un apôtre ; rien ne lui coûtait pour le rachat des âmes près d'être rappelées à Dieu. Que de fois il s'est levé la nuit pour accourir auprès d'elles ! Elles résistaient rarement à ses sollicitations. Grâce à son tact délicat et à son zèle selon la vraie science, il sut plus d'une fois gagner à Dieu des cœurs jusque-là rebelles, et les lui conserver fidèles et fervents par la sagesse de sa direction. Après plusieurs visites près d'une pauvre malade qui était éloignée de

Dieu depuis de longues années, il disait à ses amis : « Ce à quoi je travaille, ce n'est pas de l'amener à une confession telle quelle ; mais je veux l'élever peu à peu à des actes surnaturels, en lui apprenant l'esprit de foi, l'amour de Dieu, la résignation et le désir du ciel. »

Les malades étaient-ils pauvres ? Il redoublait de charité et d'assiduité auprès d'eux ne les visitant jamais sans leur apporter quelque aumône généreuse ou quelque bonne bouteille de vin fortifiant dont il avait chez lui une provision à leur usage.

La Supérieure des religieuses qui desservent à Beaugency le Dépôt de mendicité nous apprend le pieux bonheur qu'il avait à venir célébrer la messe ou porter la parole au milieu de ces pauvres gens. « Mais quant à ses aumônes, ajoute-t-elle, il n'y a que Dieu qui en sache le nombre, car elles tombaient de préférence sur les pauvres honteux. » Un ouvrier sans ouvrage obtenait par lui une place ; un autre voyait arriver dans son pauvre atelier une machine à coudre qui devenait son gagne-pain. Le prêtre qui fut son guide dans le sacré ministère porte de lui ce témoignage : « Il avait le don de se concilier les pauvres par son affabilité et sa bienveillance ; le premier il les saluait, leur parlait avec une bonté familière qui les étonnait et les touchait. »

Mais pourquoi révéler les secrets que sa main droite a cachés à sa gauche? Les larmes de tant de malheureux qui le pleurent encore en disent plus que tout ; aussi bien, ce n'est pas le récit de sa vie que nous entreprenons : c'est la peinture de son âme que nous cherchons dans ses lettres.

V

Nous entrons dans l'année 1877. Cette année devait être la dernière d'Albert, et aussi celle du plein épanouissement des grâces dont il portait en secret le germe depuis l'enfance. Nous avons déjà remarqué la lutte qui se livrait dans cette âme sacerdotale entre la vie d'action, de contemplation et d'immolation. Cette dernière tendait de plus en plus à prédominer dans ses vues d'avenir. Le monde lui faisait peur. Il redoutait surtout le péril de la bienveillance dont on l'entourait de toutes parts. Dans ces dipositions, notre Albert osa porter ses regards vers la solitude et le silence de la Trappe. Décidé à obéir, si Dieu l'appelait à cette vie héroïque, il commença d'abord par écrire quelques dispositions testamentaires, entre lesquelles on remarque le legs spécial qu'il fait à sa mère d'une peinture commandée par lui, et représentant un Trappiste au pied du crucifix. Ce testament remarquable est daté du mois d'avril. Moins de deux mois après, Albert se dirigeait vers la grande Trappe de Mortagne, dans l'intention d'y faire une retraite qui l'éclairât sur sa vocation.

Le journal de sa retraite nous initie à ce travail, auquel sa générosité ne fit jamais défaut. Il écrit au début de ces journées saintes : « Dieu me veut peut-être ici un jour que j'ignore. Je ne sais; mais d'autre part j'aime les âmes, et le ministère m'attire. »

Et un peu plus bas: « Je ne puis vivre dans une triste médiocrité de vertu. Dans ces conditions, je préfère la vie religieuse, où je trouverais un aliment à mon âme et une règle à mon caractère. »

En d'autres moments, il se place à un point de vue différent : « Il me semble prudent de ne pas m'arrêter à ces idées de vocation religieuse, sans cependant les oublier entièrement, et de vivre dans le monde, étant tout à la fois prêtre et religieux; voilà le problème résolu. »

Le travail intérieur se poursuit parallèlement à celui de l'étude de sa vocation. Albert veut devenir un homme de prière, d'union à Dieu, de zèle et de bonnes œuvres. Au quatrième jour, le Père Roger, directeur de sa retraite, lui déclare qu'il est appelé à continuer l'exercice du ministère dans le siècle : « Voici donc, écrit Albert, la question de mon avenir qui est décidée : je ne serai jamais Trappiste qu'en désir; mais j'aurai longtemps encore cette pensée et ce désir, et je devrai l'accepter comme un moyen que Dieu m'envoie pour me retremper dans la vertu. » Et un peu plus loin : « Le Père m'a dit qu'il répondait de mon salut, si j'étais fidèle, dans le monde, à suivre l'attrait de la grâce. » Il n'en regrette pas moins de voir s'enfuir loin de lui la perspective de servir Jésus-Christ dans le cloître : « Puisque l'on ne veut pas que je pense à la Trappe, se demande-t-il, pourquoi cette pensée me revient-elle toujours? Éclairez-moi, Seigneur, pour que je voie bien le chemin que je dois suivre, et confirmez-moi dans ma vocation! » Mais l'avis du directeur était irrévocable : « Le Père m'a encore dit que je ne devais plus penser à la Trappe comme fin de ma vie, mais simplement comme moyen de sanctification. »

Il s'arrache enfin à sa cellule monastique pour rentrer à Beaugency. Là son cœur a besoin de s'épancher sur son journal. Nous trouvons à la date du 5 juillet :

« C'est un cantique d'actions de grâces que je voudrais chanter en votre honneur, ô mon Dieu, car vous avez opéré des merveilles en moi. Je me sens heureux : je suis près de vous ;

il faut que je le dise, que je l'écrive ; c'est dans cet acte que je trouve le gage de ma persévérance... »

Et quelques jours après :

« Je sens que je dois être très-ferme, sous peine de retomber bientôt dans l'état que je déplorais il y a quelque temps. Qu'il est bon à l'âme et au corps de se mortifier, de se gêner, de se maîtriser ! Je dois entretenir cette disposition. Insensiblement les pensées s'épurent, la volonté se fortifie, le cœur s'élève. »

Le 25 de ce même mois de juillet, nous retrouvons Albert à la retraite pastorale au grand Séminaire d'Orléans. Libre de toute inquiétude sur sa vocation, il se plonge dans le travail de son âme, avec l'unique vue de son propre salut et de son ministère. « Me voici encore en retraite ; j'ai encore bien besoin de réfléchir, de me pénétrer de la présence de Dieu. »

Il s'examine sévèrement, puis il cherche le

remède aux défauts qu'il poursuit : « Mon directeur m'a dit que je devrais avoir une grande dévotion à Jésus-Christ présent dans le sacrement auguste de l'Eucharistie, et témoigner cette dévotion par la tenue, l'exemple, les exhortations aux fidèles. Jésus-Christ, en effet, c'est le grand tout du prêtre ; ce nom de prêtre ne dit plus rien, si on le sépare de celui de Jésus.

« L'on m'a dit que je ne devais pas servir Dieu par goût et par sentiment, mais par raison et par devoir. L'accomplissement d'un seul exercice régulier est plus agréable à Dieu que tous les actes de dévotion. Le Père Lallemand dit : « Le fondement de la vie spirituelle
« consiste à avoir une grande idée de Dieu et des
« choses divines, une idée basse de toutes les
« choses créées, et ensuite régler sa vie selon
« ces deux idées ; le succès dépend de la vigi-
« lance et du courage. » On m'a dit encore que Dieu exigeait de moi de l'héroïsme, une fermeté

qui sorte du vulgaire, une vertu qui ne soit pas commune. C'est ainsi que je dois interpréter ces aspirations à la vie religieuse qui parfois sont si vives. »

A l'issue de la retraite, Albert vint se reposer au sein de sa famille, dans cette terre des Trays, aux pieds de la chapelle qu'il ne devait plus revoir. En avait-il quelque secret pressentiment? Rien ne le laisse penser; mais on ne peut s'empêcher aujourd'hui de voir un adieu dans ces pages émues :

« J'ai passé cette semaine sous le regard de Notre-Dame-des-Trays, près de mes bons parents, en famille, au milieu du calme et de la solitude; il fait bon ne plus entendre le bruit de la ville, de voir Dieu dans la nature, d'oublier ses préoccupations et de ne plus vivre que sous la pensée du chemin parcouru, pour préparer celui à parcourir.

« J'ai bien prié ; je suis monté trois fois sur la colline sainte; je me suis agenouillé comme le plus simple des pèlerins devant la statue antique. J'ai renouvelé volontairement, librement mon vœu de chasteté. J'ai présenté au divin Enfant qu'elle tient dans ses bras toute cette famille des âmes qui me sont confiées et dont je suis le père ; j'ai baisé ce sol béni ; j'ai bu de l'eau de la fontaine, et j'attends que les divines promesses qui ont été faites à tous ceux qui croient se réalisent en moi. »

Nous sommes au 24 septembre. Albert prend ses trente ans. Il ne se doute pas que déjà ses jours lui échappent, et qu'il ne garde plus qu'une étincelle de vie. Il se sent homme ; il se sent prêtre ; sa retraite l'a retrempé ; il veut travailler pour Dieu et mériter le prix promis au bon serviteur :

« J'ai trente ans ; un changement s'est produit en moi : je ne sens plus les folles ardeurs du jeune prêtre. Je suis calme en présence du devoir, calme dans la solitude, calme dans mes occupations, calme devant la tentation ou le caprice. Je me sens de la générosité, de la maturité dans les idées, de la fixité dans l'action, de la suite dans mes pensées. J'ai trente ans : c'est l'heure où l'on regarde dans la nuit du passé pour le pleurer ; c'est l'heure où l'on scrute l'avenir pour savoir ce qu'il sera ; c'est le moment où l'homme commence à descendre le versant de la vie. Chaque jour les fatigues qu'il accepte creusent sa tombe. Encore trente ans de travaux pour vous, mon Dieu, et je mourrai content ! »

VI

Il devait mourir plus tôt. Dieu, content de son désir, s'apprêtait à lui payer le prix de son ardeur. En effet, autour de lui on commençait à s'apercevoir de l'épuisement de ses forces. L'administration diocésaine, émue des fatigues de ce jeune apôtre, songeait à le décharger du poids des travaux qui s'aggravaient chaque jour, en le transférant à Gien. Mais tout l'attachait à cette ville de Beaugency de laquelle il écrivait : « Que j'aime Beaugency ! J'aime les enfants, et les malades ; j'aime le travail absorbant ; j'aime l'église, et cet autel, et cette chaire, et ce confessionnal. J'aime cette Loire qui coule ; j'aime ces rives escarpées et ces prairies qui la bordent. J'aime l'air qu'on y respire, la fraîcheur du matin, le calme du soir. Je vois, je sens, je touche Dieu partout dans chacun de ces nuages qui passent au-dessus de ma tête. Le dimanche, après une chaude journée de ministère, alors que le silence a succédé aux chants religieux, j'aime à aller passer mes heures de liberté sur les bords du fleuve, repassant les événements de ma semaine apostolique et mes faiblesses de chaque jour. Heures bénies, je ne vous oublierai jamais, heures que j'ai passées en me promenant à pas lents, regardant tour à tour Tavers, le fleuve et les pages éloquentes de Bossuet. »

Cette page de son journal est l'avant-dernière du recueil. Albert n'écrivit plus que le soir de la fête la Toussaint : « Me voici au soir de ce grand jour de la Toussaint. Le cœur du prêtre recèle bien des tristesses quand il voit de pauvres âmes qui se refusent à l'action de Dieu. Il en est une à cette heure qui ne veut pas sortir de l'ornière où elle reste, malade, froissée, brisée. Je me dévouerai; je prierai pour elle. Que d'émotions, que de fatigues! Mais que je suis heureux d'être prêtre! Oui, mon Dieu, je veux vous aimer. »

Les catéchismes de la paroisse venaient de se rouvrir. Albert se promettait de s'y dépenser sans mesure. Mais, hélas! ses forces physiques trahirent son courage. D'un tempérament très-frêle, déjà pris d'hémorrhagies dont il avait gardé pour lui seul le secret, souvent surpris par des défaillances et des évanouissements qu'il voulait dissimuler, le jeune homme portait déjà la mort dans son sein. En vain son excellent curé, si paternel pour lui, sa famille, ses amis et son médecin d'Orléans l'avaient pressé de prendre un repos indispensable. Son ardeur l'emporta; il disait: « Je ne veux pas qu'on m'interrompe dans mon ministère et qu'on me force au repos: ce serait ma mort. »

Enfin, contraint par les larmes d'une mère

et les supplications d'un père, il se décide à consulter à Orléans un médecin expérimenté. Celui-ci l'examine et prescrit un repos absolu, en lui imposant de rester le jour même dans sa famille.

« — Impossible! mon curé est seul; je ne puis l'abandonner. » Ce fut sa seule réponse, et, n'écoutant que son courage, le soir même il retourne à Beaugency. Le lendemain, qui était un dimanche, dissimulant son mal sous une apparence de gaîté, il chante la grand'-messe, et c'est pendant cet office qu'il commence à être atteint de cette fatale hémorrhagie.

Au *Pater*, il s'affaissa sur les genoux et put à peine achever le divin sacrifice.

Rentré chez lui, il dut s'aliter immédiatement. L'hémorrhagie continuait par intermittences. Dans la soirée, un médecin fut appelé et se mit en devoir de la combattre; mais le lundi, voyant que le sang persistait toujours à s'échapper, il crut devoir prévenir la famille d'Albert. Elle accourut aussitôt, amenant plusieurs médecins. Cédant à la trop juste inquiétude des siens, Albert accepta alors d'être transporté, s'il se pouvait, à la maison paternelle; mais, désireux avant tout de se mettre en règle avec Dieu, il souhaita d'abord de se confesser, après quoi il se disposa au départ pour Orléans, dans la journée de lundi.

Mais, hélas! il était trop tard… Le médecin fit justement appréhender que le voyage provoquât et accrût l'écoulement du sang, qu'on espérait encore d'arrêter par de prompts remèdes. Albert resta donc chez lui, où son père et sa mère restèrent pour le soigner. Il recevait également les soins d'une sœur de Bon-Secours, relayée par les religieuses de l'hospice de Beaugency, heureuses et consolées de prodiguer leur dévoûment à ce jeune prêtre, objet de leur respect et de leur reconnaissance.

Albert ne souffrait pas; sa faiblesse croissante lui laissait à peine le sentiment de son mal. Cependant, sans comprendre l'imminence du péril, il était loin de s'en dissimuler la gravité, car, dès le premier jour, on l'avait entendu dire : « Je connais cette maladie ; j'en ai suivi les progrès dans un jeune homme que j'ai administré la semaine dernière ; il en est mort, et je me vois de même. »

M. le curé de Beaugency ne pouvait, lui aussi, se faire illusion sur l'issue de cette crise. Il ne quittait la chambre de son vicaire aimé que pour aller pleurer en secret dans la sienne, multipliant ses soins et ses consolations, et confondant ses larmes avec celles de la famille profondément touchée et éternellement reconnaissante.

Les frères et sœurs d'Albert, en apprenant son mal, étaient venus aussitôt le voir et l'assister. Tous voulaient seconder leur mère, qui de son côté ne cédait à personne la mission de soigner le cher fils qu'elle voyait lui échapper.

On commençait à désespérer. C'était un spectacle déchirant de voir ce jeune homme, déjà pâle et exténué, essayant d'articuler des paroles dont le sang venait aussitôt interrompre le cours. C'étaient des paroles de consolation : « Ne pleurez pas !... Pourquoi êtes-vous tristes ? » Recevant la visite de M. le supérieur du grand Séminaire, il put encore lui dire : « Je ne souffre pas ; je suis bien ! »

Bientôt il n'y eut plus que ses yeux qui parlèrent. On y lisait tour à tour la tendresse, la prière, la résignation.

La journée du mercredi s'annonça mauvaise. C'était le 21, fête de la Présentation de la Sainte-Vierge. On proposa à Albert de lui donner les sacrements ; c'était répondre à ses désirs. Il reçut l'Extrême-Onction et prononça comme il put la rénovation de ses promesses cléricales.

La nuit qui suivit fut plus terrible encore. Quelques amis du Séminaire, des compagnons d'études et de premier ministère étaient venus de l'autre bout du diocèse lui apporter un dernier témoignage d'amitié. Son visage s'illumina alors soudainement ; quelques monosyllabes répondirent à leurs questions, puis il retomba baigné dans de nouveaux flots de sang.

Le jeudi matin, les prières redoublèrent pour lui ; on voulait faire violence au ciel, pour lui disputer celui qui avait écrit au jour de son ordination que son bonheur serait de donner son sang à Dieu. Depuis quatre jours ce sang ne cessait de couler ; la pâleur de ses traits accusait l'entier épuisement de ses veines. La fin ne pouvait tarder. On le revêtit de sa soutane ; on l'entoura de reliques. Un cierge brûlait dans sa main ; sa famille, les prêtres de Beaugency et de Meung environnaient son lit. M. le docteur Venot, qui l'avait soigné en véritable ami, voulut rester à l'assister jusqu'à la dernière heure. On commença les prières des agonisants; chacun retenait son haleine pour entendre la sienne. Il respirait à peine; quand on fut à ces paroles : « Recevez, Seigneur, votre serviteur dans le lieu de votre repos, etc., » Albert expira doucement. Il était deux heures de l'après-midi, 22 novembre 1877.

A peine se fut-il endormi que son visage reprit une belle expression de calme et de sérénité. On prépara dans une salle spacieuse un lit funèbre où il fut déposé revêtu de ses habits sacerdotaux, les mains jointes sur le crucifix et la tête inclinée : on aurait cru qu'il priait.

La nouvelle de cette mort avait jeté la consternation dans toute la paroisse. Bientôt on s'empressa autour des restes d'Albert. Riches et pauvres se faisaient une consolation de venir s'agenouiller à côté de son lit. De toutes parts on apportait des fleurs et des couronnes dont son corps se trouva bientôt tout entouré. On faisait toucher des chapelets à ses vêtements ; on voulait baiser ses pieds ; on s'arrachait les moindres objets qui lui avaient appartenu. C'était presque un culte.

Ce même jour on lisait dans un journal d'Orléans : « La ville de Beaugency est dans la consternation. M. l'abbé Seurrat de la Boulaye a succombé hier des suites d'une hémorrhagie que la science médicale a été impuissante à arrêter.

« Toutes les classes de la population, surtout les pauvres, pleurent en lui leur bienfaiteur ; eux seuls connaissent son inépuisable charité. C'était le prêtre par excellence, bon, dévoué, charitable, ne reculant devant aucun sacrifice, se dévouant à tous et pour tous, à chaque instant du jour et de la nuit. Dieu l'a rappelé trop tôt à lui ; mais il faut s'incliner devant ses décrets. »

Le lendemain, le même journal lui rendait ce nouvel hommage : « L'éloge de M. l'abbé Albert Seurrat de la Boulaye est dans toutes

les bouches, son souvenir dans tous les cœurs !
Qui dira le dévoûment et la tendresse de cette
nature d'élite pour toutes les douleurs, pour
toutes les souffrances? Dans les temps troublés
où nous vivons, il avait su, de tous, faire respecter en lui le prêtre ; que dis-je ? il l'avait fait
chéri !

« Rempli du zèle le plus ardent pour la
gloire de Dieu, il avait sacrifié à sa vocation
une position et un avenir dignes d'envie.
Humble prêtre, il mettait dans l'exercice de
son saint ministère l'héroïsme dont il avait recueilli l'héritage avec le sang qui coulait dans
ses veines.

« Mais Dieu l'a appelé à lui, et le sacrifice
qu'il a fait de sa vie a été le couronnement de
ses quatre années de ministère et de dévoûment. Puissent ces quelques lignes, bien humble hommage de l'amitié, être pour les siens
un adoucissement à leur douleur ! »

Les obsèques furent célébrées successivement à Beaugency, puis à Orléans, où devait se faire son inhumation. Nous n'avons pas à redire ce deuil, cette affluence, ces regrets, ces touchants témoignages. M. le curé de Beaugency voulut s'en faire l'organe, et nous n'avons ici qu'à reproduire quelques-unes des paroles émues auxquelles répondaient les larmes de toute l'assistance :

« Oui, vous étiez vraiment aimable, digne à jamais de nos regrets, ô prêtre ! ô vicaire ! ô ami ! ô enfant ! que nous pleurons tous en ce jour. Plus que bien d'autres, mes frères, le Seigneur lui-même ne l'avait-il pas orné de ses plus beaux dons de la nature et de la grâce ? Plus que bien d'autres encore, ne pouvait-il pas dire : « Nous sommes les enfants des saints ? » En effet, dès son apparition à la vie, il avait puisé dans leur sang et sur leur cœur cette sève de foi et de piété qui fait les forts; il avait respiré le parfum de cette demeure domestique et patriarcale, qui est un temple, par la prière et par l'exemple.

« Ces germes déjà si heureux, ne les avaient-il pas ensuite développés par une éducation plus profondément chrétienne encore, s'il était possible, surtout quand il était allé demander le secret de la science et du dévoûment sacerdotal à son école la plus pure, au berceau même de cette Société si pieuse où l'on apprend à rester séminariste toute sa vie, ce qui est l'idéal du prêtre?

« Avec quelle gracieuse imagination et quelle rare intelligence des besoins nouveaux de la prédication contemporaine vous l'avez entendu annoncer les vérités évangéliques et trouver le chemin des cœurs! Moi-même, je me surprenais souvent suspendu à ses lèvres.

« Que dire maintenant des trésors de son cœur? Vous parlerez pour moi, amis qu'il a connus et qui m'écoutent, malades qu'il a consolés, pauvres qu'il a secourus, enfants qu'il instruisait, âmes pieuses qu'il dirigeait. Vous nous apprendrez que la modestie et la discretion sacerdotale n'excluent pas les suaves effusions du cœur.

« Mais surtout avec quelle ardeur incessante moi-même je le voyais chaque jour, travaillant pour l'avenir, accumulant les livres de la science ecclésiastique, recueillant de précieux matériaux, se disant : « Oh ! que la « moisson est belle et jaunissante à l'horizon ! « et que le maître a besoin d'ouvriers infati- « gables de la parole et de l'apostolat : *surgite eamus !* »

« Hélas ! pourquoi faut-il quelquefois que le tendre arbuste qui s'est couronné de si belles fleurs à son printemps vienne à se déssécher et à périr tout à coup, avant d'avoir donné ses fruits les plus doux ? O Providence ! ce sont là de vos épreuves et de vos mystères !

« Toutefois, ne murmurons pas ; il y a mieux : consolons-nous, bien-aimés fidèles. Sans doute, il n'a pas blanchi dans le labeur d'un ministère continu ; sans doute, il n'a pas combattu un long combat ; mais du moins il a été frappé debout, les armes à la main, au champ d'honneur, au saint autel, comme le jeune et vaillant athlète qui tombe sur la brèche qu'il a protégée de son corps et baignée de son sang. Car il savait que le bon soldat du Christ ne dit jamais : « C'est assez, » mais plutôt : *Non recuso laborem*, et qu'il marche jusqu'à la fin. Voilà pourquoi ç'a été pour lui une gloire de mourir dans ces jours bénis de la Présentation et de l'holocauste, où le prêtre dit à Dieu : « Me voici ; je suis votre ministre et votre victime, » c'est-à-dire l'homme du sacrifice et de l'immolation généreuse.

« Et surtout quel éloquent enseignement pour vous, mes frères, si comme moi vous aviez

entouré son lit funèbre qu'il arrosait de
son sang ; si comme moi vous aviez vu ses
parents éplorés, et pourtant si forts ; ce père
admirable qui ne quittait pas les pieds de son
crucifix, offrant son Isaac comme le patriarche
de l'ancienne loi ; cette mère héroïque disant
comme la mère des Machabées à ses sept
enfants : « Ce n'est pas moi qui vous ai donné
« la vie ; mais c'est le Seigneur lui-même. Donc,
« ô mon Dieu! vous êtes le maître ; ils sont à
« vous ; prenez-les, si vous voulez. Toutefois,
« c'est bien dur pour le cœur d'une mère !
« Mais, avant tout, que votre volonté soit
« faite ! » Oh! alors vous auriez compris ce
que c'est que la famille chrétienne, ce que
c'est qu'un foyer honoré par la fécondité et
sanctifié par la foi ; comme la religion élève
et élargit les âmes, les rend capables des
sentiments les plus purs et des actes les
plus magnanimes ; comme elle prépare des
vierges pour la prière, des apôtres pour la

lutte, c'est-à-dire les hommes du dévoûment et de l'action, les âmes vraiment d'élite, en un mot les prédestinés du ciel. Ainsi soit-il. »